PROJET

DE

RÉFORMES

POLITIQUES ET ADMINISTRATIVES

DE L'ALGÉRIE

PRÉSENTÉ

à MM. les Membres de la Commission chargée, par décret impérial,
d'élaborer un projet de Constitution pour l'Algérie

PAR

J. SARTOR

Avocat à Oran

ORAN

TYPOGRAPHIE ET LITHOGRAPHIE A. PERRIER

9, BOULEVARD OUDINOT, 9

1869

AVANT-PROPOS

En publiant ce projet de réformes algériennes, je ne me fais pas illusion au point d'espérer que les hommes à qui je m'adresse adopteront complètement mes idées pour les appliquer dans le projet qu'ils ont mission d'élaborer. Et cependant, quoi de plus juste et de plus nécessaire que les modifications et les garanties que les colons ne cessent de réclamer.

Après les terribles épreuves qui nous ont assailli et dont les lugubres souvenirs nous frappent encore d'effroi, il serait temps de voir l'Algérie entrer franchement dans un régime d'administration plus régulier et mieux approprié au caractère d'une époque qui a pour instruments de civilisation la vapeur et l'électricité.

Depuis vingt ans, notre Colonie, ballottée de système en système, se ressent trop des rudes et nombreuses secousses qu'elle a endurées : elle ressemble à un navire désorienté dont la marche incertaine et désordonnée accuse l'impéritie du nautonnier et la faiblesse de la main qui tient le gouvernail. Il faut que le navire rentre au port : il est temps d'en finir avec les rêves et leurs chimères Il faut cesser de donner au monde entier le droit de dire que la France est incapable de coloniser.

L'Algérie a besoin de réformes radicales, et je ne me dissimule pas, combien il sera difficile de les formuler et de les appliquer avec sagesse. Donc que les hommes chargés d'en indiquer les premières bases s'élèvent bien haut au-dessus des questions de personnes et de partis, qu'ils oublient, à cette heure, tout souvenir d'antagonisme pour n'avoir en vûe que la prospérité de l'Algérie et la gloire d'avoir attaché leur nom à une grande œuvre.

C'est à ce titre et dans ce but que je viens, fils de colon algérien, apporter le modeste tribut de mes réflexions à l'œuvre commune, heureux si, dans cet essai, j'ai indiqué les besoins les plus impérieux et les vœux les plus chers de mes compatriotes.

J. SARTOR.

PROJET

DE

NOUVELLE ORGANISATION ADMINISTRATIVE

DE L'ALGÉRIE

DIVISION DE L'ALGÉRIE

ARTICLE PREMIER. — L'Algérie est divisée en deux grandes zones distinctes : la zone civile et la zone militaire.

ART. 2. — La zone civile comprend tous les territoires qui s'étendent :

1° Dans la province d'Oran :
Depuis la Méditerranée jusqu'à Sebdou, le territoire des Ouled-Mimoun, Mascara et Tiaret ;

2° Dans la province d'Alger :
Depuis la Méditerranée jusqu'à Teniet-el-Haâd, Boghar et Aumale ;

3° Dans la province de Constantine :
Depuis la mer : 1° en partant de Bougie jusqu'à Sétif ; 2° depuis Sétif, en traçant une ligne droite jusqu'à Batna ; 3° de Batna jusqu'à Aïn-Beïda et Souk-Arras.

Ces points limites conserveront leur administration actuelle, mais seront occupés militairement. Ils serviront de siége et de base d'opération à l'autorité militaire, qui s'étendra, à partir de cette ligne, vers le Sud. Les frontières du Maroc et de la Tunisie, la partie des pays désignés sous le nom d'Ouarensenis et de Grande-Kabylie sont laissées sous l'autorité de l'administration militaire, qui travaillera à assurer à ces peuples des garanties d'ordre et de sécurité pour leurs personnes et leurs biens.

GOUVERNEMENT

ART. 4. — Un administrateur, qui portera le nom d'administrateur général des affaires civiles de l'Algérie, est chargé, à Paris, de la direction et de l'administration des territoires compris dans la zone civile.

ART. 5. — Un gouverneur, qui prendra désormais le nom de Gouverneur militaire de l'Algérie, commandera en chef les forces de terre et de mer, centralisera à Alger, sous son autorité, l'administration des indigènes compris dans la zone dite militaire. Il rendra compte au ministre de la guerre de la situation politique et générale de la partie de l'Algérie soumise à son autorité.

ADMINISTRATION CENTRALE DES AFFAIRES CIVILES DE L'ALGÉRIE

ART. 6. — Il est institué à Paris une administration générale des affaires civiles de l'Algérie. L'administrateur général des affaires civiles de l'Algérie concentre dans ses mains les pouvoirs civils et politiques qui avaient été délégués au gouverneur général de l'Algérie.

ART. 7. — Il est attaché, auprès de l'administrateur général des affaires civiles de l'Algérie, des chefs de services appartenant aux services administratifs, judiciaires, financiers et universitaires de chaque département ministériel.

ART. 8. — L'administrateur général des affaires civiles algériennes a sous ses ordres les préfets des départements d'Oran, d'Alger et de Constantine, qui correspondent directement avec lui et auxquels il peut déléguer une partie de son autorité.

Art. 9. — Il rend compte directement à l'Empereur de la situation politique et administrative du pays. Pour les nominations qui doivent être faites par l'Empereur, et qui n'appartiennent pas à l'instruction publique, aux cultes, à la justice, aux finances, l'administrateur adresse ses propositions à l'Empereur.

Les décrets sont contre-signés par le ministre d'État.

Art. 10. — L'administrateur général sera substitué dans les mêmes droits et attributions qui déjà avaient été déférées au gouvernement de l'Algérie, par le décret du 10 juin, et les décrets postérieurs sur les attributions.

Sauf en ce qui concerne l'instruction publique, les cultes, la magistrature, les services des travaux publics, pour lesquels il a le droit de dresser des listes de présentation, l'administrateur général nomme directement à tous les emplois qui étaient à la désignation du ministère de l'Algérie.

Art. 11. — Les actes de haute administration et de gouvernement, qui doivent émaner de l'Empereur, sont présentés par l'administrateur général au Souverain, et les décrets sont contre-signés par lui.

L'administrateur général statue sur toutes les autres affaires administratives qui n'auront pas été placées dans les attributions d'une autre autorité.

Art. 12. — L'administrateur général prépare le budget annuel du territoire civil de l'Algérie, l'assiette et la répartition des divers impôts.

Les budgets et les répartitions, mentionnés en l'article précédent, sont soumis au vote d'un Conseil supérieur et présentés à la discussion et à l'approbation du Corps législatif.

Art. 13. — Le Conseil supérieur se compose :

1° De l'administrateur général, président;

2° De trois conseillers d'Etat, désignés par l'Empereur chaque
année ;

3° De neuf délégués nommés chaque année par les Conseils généraux de l'Algérie ;

4° Des trois préfets des départements d'Oran, d'Alger et de
Constantine.

Art. 14. — Les crédits ouverts au budget général et aux budgets provinciaux de l'Algérie sont mis à la disposition de l'administration générale.

Art. 15. — Le directeur général délègue aux ordonnateurs se-
condaires partie des crédits qui lui sont ouverts pour servir à
l'acquittement des dépenses dont il ne se réserve pas l'ordonnance-
ment direct.

L'état de ces ordonnateurs est adressé au ministre des finances.

Art. 16. — En outre, il rentre dans les attributions du Conseil
supérieur de donner son avis motivé sur les projets de décrets
qui, pour leur caractère général, intéressent directement l'administration du pays.

ADMINISTRATION DÉPARTEMENTALE DE LA ZONE CIVILE

Art. 17. — La zone civile de l'Algérie est divisée en trois départements. Ces départements sont administrés par trois préfets
qui correspondent directement avec leur chef immédiat, l'administrateur général des affaires de l'Algérie, à Paris.

Art. 18. — Le préfet de chaque département est chargé, sous
l'autorité de l'administrateur général, de la haute direction et du
contrôle des services civils du département.

Art. 19. — Il reçoit les instructions de l'administrateur général
pour toutes les mesures qui touchent à la colonisation ou aux affaires
arabes, dans son département.

Il statue sur toutes les affaires d'intérêt départemental dont la décision, réservée au pouvoir central, lui est déléguée par l'administrateur général.

Art. 20. — Dans les circonstances urgentes et imprévues, il peut prendre sous sa responsabilité, et sauf à en référer immédiatement à l'administrateur général, des mesures d'ordre et de sûreté publiques.

ADMINISTRATION DU TERRITOIRE CIVIL

Art. 21. — Le préfet de chaque département a sous ses ordres les chefs des différents services civils et financiers. Il surveille ces services en vertu de son autorité directe.

Art. 22. — Le préfet adresse périodiquement à l'administrateur général de Paris des rapports d'ensemble sur la situation du territoire civil.

Il reçoit ses instructions pour toutes les affaires qui intéressent la colonisation et lui rend compte de leur exécution.

Art. 23. — Les sous-préfectures sont supprimées et remplacées par des commissariats civils qui relèvent directement du préfet. Les commissaires civils sont chargés de l'administration de l'arrondissement auquel sont rattachés leurs districts.

Art. 24. — Comme délégués de l'administration préfectorale, ils ont sous leurs ordres les agents préfectoraux chargés de l'administration des communes mixtes et des communes arabes.

Art. 25. — Dans les communes où les fonctions de maire étaient remplies par des commissaires civils, elles seront remplies par un maire choisi parmi les conseillers municipaux.

ADMINISTRATION MUNICIPALE

Art. 26. — Les communes en plein exercice conservent leurs

attributions. Les maires correspondent directement avec les préfets.

Art. 27. — Dans les communes où la population européenne
n'est pas assez dense pour être constituée en commune de plein
exercice, les fonctions de maire seront remplies par un agent de
l'administration préfectorale, auquel il sera adjoint des surnumé-
raires.

Les employés connaissant la langue arabe seront de préférence
choisis pour remplir ces fonctions.

Le maire des communes mixtes pourra être chargé de l'administration de plusieurs communes.

Art. 28. — Dans les communes constituées actuellement sous le
nom de communes subdivisionnaires, les fonctions de maire seront
remplies par des agents préfectoraux qui correspondront directement avec les commissaires civils de leur arrondissement respectif.
Les douars restent considérés comme des sections de ces communes.
Les maires de ces communes arabes pourront être chargés, suivant
les circonstances, de l'administration de plusieurs communes. (1)

DES CONSEILS GÉNÉRAUX

Art. 29. — Il y a, dans chaque province, un conseil général
composé de quinze membres au moins et de vingt-quatre au plus.

Art. 30. — Les membres des conseils généraux sont nommés à
l'élection. Ils sont élus pour trois ans et renouvelés par tiers. Les
indigènes musulmans seuls ont droit de représentation.

Art. 31 — Les conseils généraux conservent leurs attributions

---

(1) Par suite de l'adoption de ce projet le Gouvernement pourrait offrir des positions
équivalentes à leur position dans l'armée aux officiers des bureaux arabes qui voudraient entrer
dans l'administration civile de l'Algérie. Leurs aptitudes et leurs connaissances des lieux
pourraient être utilement employées.

telles qu'elles sont définies par le décret du 27 octobre 1858, signé à Saint-Cloud, ainsi que les autres prérogatives qui leur ont été déférées depuis.

Art. 32. — Les conseils généraux délibèrent :

Sur les contributions spéciales ou extraordinaires à établir et emprunts à contracter dans un intérêt provincial ;

Sur le mode de gestion des biens immeubles compris dans le domaine départemental, le classement et la direction des routes départementales ;

Sur la part contributive à imposer à la province dans la dépense des travaux exécutés par l'Etat et qui intéressent le département, etc., etc.

Art. 33. — Le conseil général donne son avis, émet des vœux sur toutes les questions concernant la colonie.

Art. 34. — A la fin de chaque session le conseil général de chaque département délègue, pour faire partie du conseil supérieur établi auprès de l'administration générale, trois conseillers généraux qui sont nommés à l'élection par leurs collègues.

MESURES URGENTES, RÉFORMES ET DESIDERATA

I. — Impulsion des plus actives et des plus énergiques donnée à l'exécution du sénatus-consulte de 1863 sur la constitution de la propriété parmi les indigènes musulmans.

Division de la propriété entre les habitants des douars. Que chaque habitant faisant partie du douar participe de droit à cette répartition des terres. Que les indigènes actuellement sous les drapeaux et les Arabes absents pour des causes temporaires puissent trouver, à leur retour dans leurs foyers, de quoi utiliser leurs bras.

Liberté des transactions immobilières.

Un document officiel a déclaré que les prolétaires ne seraient point appelés à ce partage. Qui donc aurait-on l'intention de favoriser ? Serait-ce, par exemple, les chefs des grandes tentes ? Mais, une semblable mesure, c'est la spoliation du peuple au profit de l'aristocratie ; c'est l'acte le plus inique qu'ait jamais pu faire un gouvernement ; c'est exclure d'un seul trait de plume du partage des terres et déshériter du même coup 400 mille individus, soit le tiers de la population rurale et agricole du Tell. Non, cela ne peut se faire, parce que de hautes considérations d'humanité et d'honneur national s'y opposent énergiquement.

Et quel est ce tiers de la population qui serait déshérité ? s'écrient MM. Jules Duval et Auguste Warnier, qui, par les services qu'ils ont rendus, par leurs écrits, méritent d'être comptés parmi les bienfaiteurs de l'Algérie. Ce tiers est le seul qui travaille, le seul qui produise, le seul sans lequel, exception faite des colons européens, l'Algérie entière ne serait qu'une friche. Ajoutons que le khammès est à peu près le seul de tous les indigènes qui n'ait jamais pris les armes contre notre domination, parce que ses armes, à lui, sont la charrue, la pioche, la faucille et la hache.

II. — Election de trois députés au Corps législatif.

Par son étendue, sa population, le mouvement de son commerce, sa proximité de la France, ses relations journalières avec la métropole, l'Algérie a le droit de participer à la gestion des affaires publiques. Les traités de commerce, les droits de douane, les impôts, leur répartition, une foule de lois économiques et financières concernent trop directement la prospérité de la Colonie, pour que l'Algérie soit privée plus longtemps du droit de représentation.

III. — Liberté complète de la presse en Algérie.

IV. — Promulgation en Algérie de la loi sur les réunions publiques.

V. — Inamovibilité de la magistrature algérienne. — Augmentation du traitement des magistrats.

Il est pénible de voir des magistrats d'un des premiers corps de l'État rétribués comme de simples commis aux écritures.

Un juge de paix a 2,400 fr. de traitement (non compris les retenues). — Un juge de tribunal 3,000 fr. (non compris les retenues).

VI. — Institution en matière criminelle d'un jury mixte, composé de juges et de citoyens français. — Dans les affaires musulmanes, les cadis indigènes et les fonctionnaires musulmans, ainsi que les électeurs musulmans, auront le droit de faire partie du jury, dans une proportion restreinte, pour les affaires concernant les accusés musulmans.

VII. — Institution d'un jury mixte en matière d'expropriation, pour cause d'utilité publique, composé d'un juge président, d'experts désignés par le tribunal et agréés par les parties, de propriétaires tirés au sort, d'après une liste déposée à la préfecture du département.

VIII. — Augmentation de la gendarmerie.

L'effectif de ce corps est insuffisant, mais encore il est très-mal réparti ; car d'après le tableau des répartitions des brigades, pour 10,000 citadins protégés par leur masse, protégés par une enceinte murée, protégés par des garnisons, on trouve 21 gendarmes ; tandis que, pour les campagnards, éparpillés à de grandes distances les uns des autres, dans des habitations sans enceintes défensives et surtout très-éloignées des villes de garnison, on ne trouve plus que 6 gendarmes pour 10,000 âmes. C'est l'inverse qui devrait être la vérité sous une bonne administration (1).

IX. — Donner aux communes les terres de parcours et leur assurer de forts revenus pour ne pas les obliger à imposer leurs habitants par une foule de petites taxes vexatoires.

X. — Suppression des impôts dits zekkat et achour parmi les indigènes pour n'établir que l'impôt foncier.

XI. — Etablir des registres de l'état-civil dans toutes les communes mixtes et indigènes.

XII. — Créer des fermes-écoles élémentaires pour l'éducation agricole des indigènes.

XIII. — Continuer à affecter, comme cela se fait depuis quelque temps dans plusieurs localités, les prisons en pénitenciers agricoles.

XIV. — Suppression des charges de défenseurs.

Les offices ministériels, désignés sous le nom de charges de défenseurs, sont de pénibles entraves imposées au travail libre et au talent. Ce sont des priviléges accordés à quelques particuliers au détriment des licenciés et des intérêts des justiciables, auxquels on impose le choix restreint d'un mandataire. Par son organisation particulière cette constitution du monopole

---

(1) Lettres adressées à S. Exc. M. Rouher par MM. Jules Duval et Warnier, délégués officieux d'un grand nombre de colons algériens.

judiciaire a persisté sous tous les gouvernements malgré son opposition avec les principes élémentaires de la science économique, et c'est avec raison que l'État s'occupe de leur suppression.

Qu'est-ce qu'un privilége après tout ?

C'est la liberté d'action restreinte à quelques particuliers, au préjudice des droits de la masse, une propriété abusive dont certains hommes jouissent au détriment de la généralité des citoyens, une propriété injuste comme tout ce qui résulte d'une loi inique et d'une réglementation anti-sociale.

La suppression d'un monopole, quelle que soit son origine, est l'application du principe fécond, de la liberté du travail qui, on ne saurait le contester, a été grandement favorisée sous le gouvernement actuel et qui a reçu une première sanction par la loi libérale désignée sous le nom de droit de coalition.

De quel côté qu'on envisage la question, la suppression des priviléges n'est autre chose que la justice envisagée sous un aspect logique et raisonné.

Donc, qu'à l'exemple de la Suisse, la profession d'avocat soit dégagée de toutes les entraves qui la gênent en Algérie. En Suisse, les avocats ayant atteint l'âge de trente ans et justifiant de trois années d'exercice devant le tribunal civil où ils sont inscrits, ont le droit de joindre la plaidoirie à la postulation devant ce tribunal.

En Algérie, comme garantie pour les intérêts des justiciables, qu'on exige un cautionnement et que le droit de surveillance et de contrôle n'appartienne qu'au tribunal. Ainsi disparaitra du même coup un privilége préjudiciable non-seulement aux avocats mais aux parties intéressées auxquelles on n'imposera pas le choix extrêmement limité des mandataires chargés de les représenter.

XV. — Création à Oran et à Constantine d'une Cour impériale dont les conseillers seront distraits de la Cour d'appel d'Alger.

La création de ces deux Cours avait déjà été indiquée comme nécessaire, dans la lettre de l'Empereur au maréchal de Mac-Mahon.

La statistique et les rapports du ministre, sur l'administration de la justice, prouvent que les appels correctionnels ne sont pas portés devant la Cour d'Alger. Les condamnés reculent devant la dépense énorme qu'entraîne un voyage de 250 lieues (aller et retour).

Il en est de même des appels en matière civile et commerciale. Les parties, effrayées des frais énormes de déplacement et des ajournement imposés par les délais de distance, préfèrent se libérer plutôt que de se lancer dans les frais d'un procès qu'elles ne peuvent surveiller à cause de l'éloignement des lieux. Ainsi, par suite de difficultés matérielles, disparaissent les garanties de l'appel.

Trois fois par an, trois conseillers d'Alger sont obligés de se déplacer, à grands frais pour l'État et le département, pour aller présider les assises dans les provinces de Constantine et d'Oran. Avec une Cour impériale et un jury mixte en matière criminelle on répondrait sans surcharger le budget à un des vœux les plus ardents de la population et des besoins du pays.

Mais c'est aussi en raison du grand et important travail de réformes qu'exige la législation musulmane, que cette création d'une Cour d'appel par province est jugée indispensable.

XVI. — Institution de commission composée : 1° de magistrats ayant connu des affaires arabes ; 2° d'indigènes choisis parmi les plus intelligents ; 3° d'hommes versés dans les questions de droit musulman, afin de préparer le travail des modifications à apporter à cette législation, en vue d'une application progressive du Code Napoléon et de l'assimilation des indigènes.

XVII. — Suppression du conseil facultatif de droit musulman établi à Alger, et aux décisions duquel les magistrats des tribunaux civils sont *obligés* de se soumettre.

Ce conseil de droit musulman, qui a été inventé il y a trois ans, coûte à la colonie 70,000 fr., et est considéré comme la chose la plus ridicule et la plus impolitique qui ait jamais été imaginée en Algérie. Qu'est-ce que ce tribunal ? quelles sont, en résumé, ses fonctions ? Un tribunal théologique créé et institué sous la protection de l'État pour ramener les Arabes dissidents aux saintes pratiques du Coran.

Oran. — Imprimerie AD. PERRIER, boulevard Oudinot, 9.